MARIE VON EBNER-ESCHENBACH

Aphorismen

NACHWORT VON
INGRID CELLA

PHILIPP RECLAM JUN. STUTTGART

Universal-Bibliothek Nr. 8455
Alle Rechte vorbehalten
© 1988 Philipp Reclam jun. GmbH & Co., Stuttgart
Gesamtherstellung: Reclam, Ditzingen. Printed in Germany 2002
RECLAM und UNIVERSAL-BIBLIOTHEK sind eingetragene Marken
der Philipp Reclam jun. GmbH & Co., Stuttgart
ISBN 3-15-008455-5

www.reclam.de

*Ein Aphorismus ist der letzte Ring
einer langen Gedankenkette*

Sag etwas, das sich von selbst versteht, zum erstenmal, und du bist unsterblich.

Was uns an der sichtbaren Schönheit entzückt, ist ewig nur die unsichtbare.

Die verstehen sehr wenig, die nur das verstehen, was sich erklären läßt.

Ein Urteil läßt sich widerlegen, aber niemals ein Vorurteil.

Vertrauen ist Mut, und Treue ist Kraft.

Die jetzigen Menschen sind zum Tadeln geboren. Vom ganzen Achilles sehen sie nur die Ferse.

Die glücklichen Pessimisten! Welche Freude empfinden sie, sooft sie bewiesen haben, daß es keine Freude gibt.

Es hat noch niemand etwas Ordentliches geleistet, der nicht etwas Außerordentliches leisten wollte.

Siege, aber triumphiere nicht.

Der Zufall ist die in Schleier gehüllte Notwendigkeit.

Andere neidlos Erfolge erringen sehen, nach denen man selbst strebt, ist Größe.

Der Hochmut ist ein plebejisches Laster.

Geduld mit der Streitsucht der Einfältigen! Es ist nicht leicht zu begreifen, daß man nicht begreift.

Die größte Nachsicht mit einem Menschen entspringt aus der Verzweiflung an ihm.

Alt werden, heißt sehend werden.

Anmut ist ein Ausströmen der inneren Harmonie.

Wie weise muß man sein, um immer gut zu sein!

Die einfachste und bekannteste Wahrheit erscheint uns augenblicklich neu und wunderbar, sobald wir sie zum ersten Male an uns selbst erleben.

Der Verstandesmensch verhöhnt nichts so bitter als den Edelmut, dessen er sich unfähig fühlt.

Wir verlangen sehr oft nur deshalb Tugenden von anderen, damit unsere Fehler sich bequemer breitmachen können.

Der Gescheitere gibt nach! Ein unsterbliches Wort. Es begründet die Weltherrschaft der Dummheit.

Künstler, was du nicht schaffen mußt, das darfst du nicht schaffen wollen.

Je mehr du dich selbst liebst, je mehr bist du dein eigener Feind.

Eiserne Ausdauer und klaglose Entsagung sind die zwei äußersten Pole der menschlichen Kraft.

Nichts wird so oft unwiederbringlich versäumt wie eine Gelegenheit, die sich täglich bietet.

Warten lernen wir gewöhnlich erst, wenn wir nichts mehr zu erwarten haben.

Die Leidenschaft ist immer ein Leiden, auch die befriedigte.

Schüchterne Dummheit und verschämte Armut sind den Göttern heilig.

Wenn es einen Glauben gibt, der Berge versetzen kann, so ist es der Glaube an die eigene Kraft.

Die Konsequenzen unserer guten Handlungen verfolgen uns unerbittlich und sind oft schwerer zu tragen als die der bösen.

Die Gutmütigkeit gemeiner Menschen gleicht dem Irrlicht. Vertraue nur seinem gleißenden Schein, es führt dich gewiß in den Sumpf.

Es gibt Frauen, die ihre Männer mit einer ebenso blinden, schwärmerischen und rätselhaften Liebe lieben wie Nonnen ihr Kloster.

Gebrannte Kinder fürchten das Feuer oder vernarren sich darein.

Mitleid ist Liebe im Negligé.

Ehen werden im Himmel geschlossen, aber daß sie gut geraten, darauf wird dort nicht gesehen.

Wer an die Freiheit des menschlichen Willens glaubt, hat nie geliebt und nie gehaßt.

Die meisten Menschen brauchen mehr Liebe, als sie verdienen.

Ein Dichter, der einen Menschen kennt, kann hundert schildern.

Einer der seltensten Glücksfälle, die uns werden können, ist die Gelegenheit zu einer gut angewendeten Wohltat.

Die meisten Nachahmer lockt das Unnachahmliche.

Haben und nichts geben ist in manchen Fällen schlechter als stehlen.

Der Arme rechnet dem Reichen die Großmut niemals als Tugend an.

Die Leute, denen man nie widerspricht, sind entweder die, welche man am meisten liebt, oder die, welche man am geringsten achtet.

Die meiste Nachsicht übt der, der die wenigste braucht.

Wenn ein Mensch uns zugleich Mitleid und Ehrfurcht einflößt, dann ist seine Macht über uns grenzenlos.

Raison annehmen kann niemand, der nicht schon welche hat.

Wenn jemand etwas kann, das gewöhnliche Menschen nicht können, so trösten sie sich damit, daß er gewiß von allem, was sie können, nichts kann.

Hüte dich vor der Tugend, die zu besitzen ein Mensch von sich selber rühmt.

Wenn man nur die Alten liest, ist man sicher, immer neu zu bleiben.

Das Mitleid des Schwächlings ist ein Licht, das nicht wärmt.

Wer sich seiner eigenen Kindheit nicht mehr deutlich erinnert, ist ein schlechter Erzieher.

Die eingebildeten Übel sind die unheilbarsten.

Selbst der bescheidenste Mensch hält mehr von sich, als sein bester Freund von ihm hält.

Wenn der Kunst kein Tempel mehr offensteht, dann flüchtet sie in die Werkstatt.

Man muß das Gute tun, damit es in der Welt sei.

Der Haß ist ein fruchtbares, der Neid ein steriles Laster.

Wir sollen immer verzeihen, dem Reuigen um seinetwillen, dem Reuelosen um unseretwillen.

Das Motiv einer guten Handlung ist manchmal nichts anderes als zur rechten Zeit eingetretene Reue.

Das Vertrauen ist etwas so Schönes, daß selbst der ärgste Betrüger sich eines gewissen Respekts nicht erwehren kann vor dem, der es ihm schenkt.

Auch die Tugend ist eine Kunst, und auch ihre Anhänger teilen sich in Ausübende und in bloße Liebhaber.

Was du zu müssen glaubst, ist das, was du willst.

Das Alter verklärt oder versteinert.

Die Güte, die nicht grenzenlos ist, verdient den Namen nicht.

In der Jugend lernt, im Alter versteht man.

Es ist ein Unglück, daß ein braves Talent und ein braver Mann so selten zusammenkommen!

In einem guten Buche stehen mehr Wahrheiten, als sein Verfasser hineinzuschreiben meinte.

Wir entschuldigen nichts so leicht als Torheiten, die uns zuliebe begangen wurden.

Unbegründeter Tadel ist manchmal eine feine Form der Schmeichelei.

Sei deines Willens Herr und deines Gewissens Knecht.

Natur ist Wahrheit; Kunst ist die höchste Wahrheit.

Zu späte Erfüllung einer Sehnsucht labt nicht mehr. Die lechzende Seele zehrt sie auf wie glühendes Eisen einen Wassertropfen.

Die Toren wissen gewöhnlich das am besten, was jemals in Erfahrung zu bringen der Weise verzweifelt.

Wenn die Neugier sich auf ernsthafte Dinge richtet, dann nennt man sie Wissensdrang.

Etwas sollen wir unseren sogenannten guten Freunden immer abzulernen suchen – ihre Scharfsichtigkeit für unsere Fehler.

Die Liebe hat nicht nur Rechte, sie hat auch immer recht.

Nur was für die Gegenwart zu gut ist, ist gut genug für die Zukunft.

Nicht jene, die streiten, sind zu fürchten, sondern jene, die ausweichen.

In jedem tüchtigen Menschen steckt ein Poet und kommt beim Schreiben zum Vorschein, beim Lesen, beim Sprechen oder beim Zuhören.

Unerreichbare Wünsche werden als »fromme« bezeichnet. Man scheint anzunehmen, daß nur die profanen in Erfüllung gehen.

Der Geist ist ein intermittierender, die Güte ein permanenter Quell.

Man kann viele Dinge kaufen, die unbezahlbar sind.

Wenn zwei brave Menschen über Grundsätze streiten, haben immer beide recht.

Nichts ist weniger verheißend als Frühreife; die junge Distel sieht einem zukünftigen Baume viel ähnlicher als die junge Eiche.

Wenn die Mißgunst aufhören muß, fremdes Verdienst zu leugnen, fängt sie an, es zu ignorieren.

Die Teilnahme der meisten Menschen besteht aus einer Mischung von Neugier und Wichtigtuerei.

Macht ist Pflicht – Freiheit ist Verantwortlichkeit.

Seit dem bekannten Siege der Schildkröte über den Hasen hält sie sich für eine Schnelläuferin.

Es gibt Fälle, in denen vernünftig sein feig sein heißt.

Sich mit wenigem begnügen ist schwer, sich mit vielem begnügen noch schwerer.

Die Bescheidenheit, die zum Bewußtsein kommt, kommt ums Leben.

Für das Können gibt es nur einen Beweis: das Tun.

Wenn du einen vielbetretenen Weg lange gehst, so gehst du ihn endlich allein.

Es gibt Menschen mit leuchtendem und Menschen mit glänzendem Verstande. Die ersten erhellen ihre Umgebung, die zweiten verdunkeln sie.

Man fordere nicht Wahrhaftigkeit von den Frauen, solange man sie in dem Glauben erzieht, ihr vornehmster Lebenszweck sei – zu gefallen.

An das Gute glauben nur die wenigen, die es üben.

Der am unrechten Orte vertraute, wird dafür am unrechten Orte mißtrauen.

Es würde sehr wenig Böses auf Erden getan werden, wenn das Böse niemals im Namen des Guten getan werden könnte.

Alles wird uns heimgezahlt, wenn auch nicht von denen, welchen wir geborgt haben.

Die Menschen, denen wir eine Stütze sind, die geben uns den Halt im Leben.

Es gibt eine schöne Form der Verstellung: die Selbstüberwindung – und eine schöne Form des Egoismus: die Liebe.

Wenn man das Dasein als eine Aufgabe betrachtet, dann vermag man es immer zu ertragen.

Schwächliche Grämlichkeit, die alle fünf gerade sein läßt, ist die Karikatur der Resignation.

Der Gläubige, der nie gezweifelt hat, wird schwerlich einen Zweifler bekehren.

Es stände besser um die Welt, wenn die Mühe, die man sich gibt, die subtilsten Moralgesetze auszuklügeln, zur Ausübung der einfachsten angewendet würde.

Man kann nicht allen helfen! sagt der Engherzige und – hilft keinem.

Eltern verzeihen ihren Kindern die Fehler am schwersten, die sie selbst ihnen anerzogen haben.

Wer nichts weiß, muß alles glauben.

Wenn ein edler Mensch sich bemüht, ein begangenes Unrecht gutzumachen, kommt seine Herzensgüte am reinsten und schönsten zutage.

Du kannst so rasch sinken, daß du zu fliegen meinst.

Was liegt dem Narren an einem vernünftigen Menschen? Die wichtige Person für ihn ist der andere Narr, der ihn gelten läßt.

Verständnis des Schönen und Begeisterung für das Schöne sind eins.

Wo die Eitelkeit anfängt, hört der Verstand auf.

Auch was wir am meisten sind, sind wir nicht immer.

Um in eine Versammlung feiner Leute treten zu dürfen, muß man den Frack tragen, die Uniform oder – die Livree.

Wer Geduld sagt, sagt Mut, Ausdauer, Kraft.

Der Geist einer Sprache offenbart sich am deutlichsten in ihren unübersetzbaren Worten.

Das Verständnis reicht oft viel weiter als der Verstand.

So mancher meint ein gutes Herz zu haben und hat nur schwache Nerven.

Zwei sehr verschiedene Tugenden können einander lange und scharf befehden; der Augenblick bleibt nicht aus, in dem sie erkennen, daß sie Schwestern sind.

Beim Tode eines geliebten Menschen schöpfen wir eine Art Trost aus dem Glauben, daß der Schmerz über unseren Verlust sich nie vermindern wird.

Was ein Mensch glaubt und woran er zweifelt, ist gleich bezeichnend für die Stärke seines Geistes.

Der herbste Tadel läßt sich ertragen, wenn man fühlt, daß derjenige, der tadelt, lieber loben würde.

Alte Diener sind kleine Tyrannen, an welche die große Tyrannin Gewohnheit uns knüpft.

Verschmähtes Erbarmen kann sich in Grausamkeit verwandeln wie verschmähte Liebe in Haß.

Aus dem Verlangen nach dem Überflüssigen ist die Kunst entstanden.

Es gibt Gelegenheiten, in denen man sonst ganz wahrhaftigen Menschen keinen Glauben schenken darf. Zum Beispiel dem Großmütigen, wenn er von seinen Ausgaben, und dem Sparsamen, wenn er von seinen Einnahmen spricht.

Man kann nicht jedes Unrecht gut-, wohl aber jedes Recht schlechtmachen.

Fortwährendem Entbehren folgt Stumpfheit ebenso gewiß wie übermäßigem Genuß.

Der Gedanke an die Vergänglichkeit aller irdischen Dinge ist ein Quell unendlichen Leids – und ein Quell unendlichen Trostes.

Wo wäre die Macht der Frauen, wenn die Eitelkeit der Männer nicht wäre?

Menschen, die nach immer größerem Reichtum jagen, ohne sich jemals Zeit zu gönnen, ihn zu genießen, sind wie Hungrige, die immerfort kochen, sich aber nie zu Tische setzen.

Einen Gedanken verfolgen – wie bezeichnend dies Wort! Wir eilen ihm nach, erhaschen ihn, er entwindet sich uns, und die Jagd beginnt von neuem. Der Sieg bleibt zuletzt dem Stärkeren. Ist es der Gedanke, dann läßt er uns nicht ruhen, immer wieder taucht er auf – neckend, quälend, unserer Ohnmacht, ihn zu fassen, spottend. Gelingt es aber der Kraft unseres Geistes, ihn zu bewältigen, dann folgt dem heißen Ringkampf ein beseligendes, unwiderstehliches Bündnis auf Leben und Tod, und die Kinder, die ihm entspringen, erobern die Welt.

Die Sittlichkeit verfeinert die Sitte und die Sitte wiederum die Sittlichkeit.

Nichts ist erbärmlicher als die Resignation, die zu früh kommt.

Arme Leute schenken gern.

Auch in ein neues Glück muß man sich schicken lernen.

Der eitle, schwache Mensch sieht in jedem einen Richter, der stolze, starke hat keinen Richter als sich selbst.

Autoren, die bestohlen werden, sollten sich darüber nicht beklagen, sondern freuen. In einer Gegend, in der kein Waldfrevel vorkommt, hat der Wald keinen Wert.

Wenn alberne Leute sich bemühen, ein Geheimnis vor uns zu verbergen, dann erfahren wir es gewiß, so wenig uns auch danach gelüstet.

Merkmal großer Menschen ist, daß sie an andere weit geringere Anforderungen stellen als an sich selbst.

Denkfaulheit, Oberflächlichkeit, Starrsinn sind weibliche, Genußsucht, Rücksichtslosigkeit, Roheit sind männliche, Trotz, Eitelkeit, Neugier sind kindische Fehler.

Wer in Gegenwart von Kindern spottet oder lügt, begeht ein todeswürdiges Verbrechen.

Die Eitelkeit weist jede gesunde Nahrung von sich, lebt ausschließlich von dem Gifte der Schmeichelei und gedeiht dabei in üppigster Fülle.

Der Schmerz ist der große Lehrer der Menschen. Unter seinem Hauche entfalten sich die Seelen.

Der Mann ist der Herr des Hauses; im Hause aber soll nur die Frau herrschen.

Treue Liebe kann zwischen Menschen von sehr verschiedenem, dauernde Freundschaft nur zwischen Menschen von gleichem Werte bestehen. Aus diesem Grunde ist die zweite viel seltener als die erste.

Eine gescheite Frau hat Millionen geborener Feinde: – alle dummen Männer.

Der alte Satz: Aller Anfang ist schwer, gilt nur für Fertigkeiten. In der Kunst ist nichts schwerer als beenden und bedeutet zugleich Vollenden.

Ein Schwachkopf, der über andere Menschen urteilen soll, kann sich höchstens in ihre Lage, nie aber in ihre Denk- und Empfindungsweise versetzen.

Es gibt nichts Böses, freilich auch kaum etwas Gutes, das nicht schon aus Eitelkeit getan worden wäre.

Wenig Leidenschaft, große Herzenswärme, Verstand, Anmut, leichte Umgangsformen, Respekt vor dem Ernst, Verständnis für den Scherz – summa summarum: Liebenswürdigkeit.

Ein scheinbarer Widerspruch gegen ein Naturgesetz ist nur die selten vorkommende Betätigung eines andern Naturgesetzes.

Eine Vernunftehe schließen, heißt in den meisten Fällen, alle seine Vernunft zusammennehmen, um die wahnsinnigste Handlung zu begehen, die ein Mensch begehen kann.

Wer es versteht, den Leuten mit Anmut und Behagen Dinge auseinanderzusetzen, die sie ohnehin wissen, der verschafft sich am geschwindesten den Ruf eines gescheiten Menschen.

Über das Kommen mancher Leute tröstet uns nichts als –
die Hoffnung auf ihr Gehen.

Zu jeder Zeit liegen einige große Wahrheiten in der Luft;
sie bilden die geistige Atmosphäre des Jahrhunderts.

Was nennen die Menschen am liebsten dumm? Das
Gescheite, das sie nicht verstehen.

Der sich keine Annehmlichkeit versagen kann, wird sich
nie ein Glück erobern.

Ein Gedanke kann nicht erwachen, ohne andere zu wek-
ken.

Die unerträglichsten Heuchler sind diejenigen, die jedes
Vergnügen, das ihnen geboren wird, von der Pflicht zur
Taufe tragen lassen.

Ein Streit zwischen wahren Freunden, wahren Lieben-
den bedeutet gar nichts. Gefährlich sind nur die Streitig-
keiten zwischen Menschen, die einander nicht ganz verstehen.

Es gibt eine Menge kleiner Unarten und Rücksichtslosigkeiten, die an und für sich nichts bedeuten, aber
furchtbar sind als Kennzeichen der Beschaffenheit einer
Seele.

Wenn die Großmut vollkommen sein soll, muß sie eine
kleine Dosis Leichtsinn enthalten.

Es gehört immer etwas guter Wille dazu, selbst das Einfachste zu begreifen, selbst das Klarste zu verstehen.

Gemeinverständlich, das heißt: auch den Gemeinen verständlich, und heißt überdies nicht selten: den Nicht-Gemeinen ungenießbar.

Jung sein ist schön; alt sein ist bequem.

Die Gedankenlosigkeit hat mehr ehrliche Namen zugrunde gerichtet als die Bosheit.

Wenn du durchaus nur die Wahl hast zwischen einer Unwahrheit und einer Grobheit, dann wähle die Grobheit; wenn jedoch die Wahl getroffen werden muß zwischen einer Unwahrheit und einer Grausamkeit, dann wähle die Unwahrheit.

Die Wortkargen imponieren immer. Man glaubt schwer, daß jemand kein anderes Geheimnis zu bewahren hat als das seiner Unbedeutendheit.

Die Empfindung des Einsamseins ist schmerzlich, wenn sie uns im Gewühl der Welt, unerträglich jedoch, wenn sie uns im Schoße unserer Familie überfällt.

Verwöhnte Kinder sind die unglücklichsten; sie lernen schon in jungen Jahren die Leiden der Tyrannen kennen.

Er ist ein guter Mensch! sagen die Leute gedankenlos. Sie wären sparsamer mit diesem Lobe, wenn sie wüßten, daß sie kein höheres zu erteilen haben.

Man hat einen zu guten oder einen zu schlechten Ruf; nur den Ruf hat man nicht, den man verdient.

Du wüßtest gern, was deine Bekannten von dir sagen? Höre, wie sie von Leuten sprechen, die mehr wert sind als du.

Im Laufe des Lebens verliert alles seine Reize wie seine Schrecken; nur eines hören wir nie auf zu fürchten: das Unbekannte.

Der Charakter des Künstlers ernährt oder verzehrt sein Talent.

Ein Mann, der sich im Gespräche mit seiner Frau widerlegt fühlt, fängt sogleich an, sie zu überschreien: Er will und kann beweisen, daß ihm immer, auch wenn er falsch singt, die erste Stimme gebührt.

Fähigkeit ruhiger Erwägung – Anfang aller Weisheit, Quell aller Güte!

Ausnahmen sind nicht immer Bestätigung der alten Regel; sie können auch die Vorboten einer neuen Regel sein.

Manche Leute wären frei, wenn sie zu dem Bewußtsein ihrer Freiheit kommen könnten.

Mut des Schwachen, Milde des Starken – beide anbetungswürdig!

Suche immer zu nützen, suche nie dich unentbehrlich zu machen.

Die Frau verliert in der Liebe zu einem ausgezeichneten Manne das Bewußtsein ihres eigenen Wertes; der Mann kommt erst recht zum Bewußtsein des seinen durch die Liebe einer edlen Frau.

Der Schwächling ist bereit, sogar seine Tugenden zu verleugnen, wenn sie Anstoß erregen sollten.

Der Philosoph zieht seine Schlüsse, der Poet muß die seinen entstehen lassen.

So manche Wahrheit ging von einem Irrtum aus.

Ein literarischer Dieb, der sich das Stehlen recht sauer werden läßt, kann sein Leben lang für einen originellen und ehrlichen Mann gelten.

Wenn du sicher wählen willst im Konflikt zweier Pflichten, wähle diejenige, die zu erfüllen dir schwerer fällt.

Ein wahrer Freund trägt mehr zu unserem Glück bei als tausend Feinde zu unserem Unglück.

Die Großen schaffen das Große, die Guten das Dauernde.

Ein anregendes Buch – eine Speise, die hungrig macht.

Der Verstand und das Herz stehen auf sehr gutem Fuße. Eines vertritt oft die Stelle des andern so vollkommen, daß es schwer ist zu entscheiden, welches von beiden tätig war.

Manuskripte vermodern im Schranke oder reifen darin.

Wer in die Öffentlichkeit tritt, hat keine Nachsicht zu erwarten und keine zu fordern.

Ein Mann mit großen Ideen ist ein unbequemer Nachbar.

Mehr noch als nach dem Glück unserer Jugend sehnen wir uns im Alter nach den Wünschen unserer Jugend zurück.

Erstritten ist besser als erbettelt.

Das Tüttelchen Wahrheit, das in mancher Lüge enthalten ist, das macht sie furchtbar.

Unseren schlechten Eigenschaften gegenüber gibt es nur ewigen Kampf oder schimpflichen Frieden.

Was du wirklich besitzest, das wurde dir geschenkt.

Wohl jedem, der nur liebt, was er darf, und nur haßt, was er soll.

Die kleinsten Sünder tun die größte Buße.

An groß angelegte Menschen denkt sich's gut, mit fein angelegten Menschen lebt sich's gut.

Für die Anspruchsvollen plagt man sich, aber die Anspruchslosen liebt man.

Respekt vor dem Gemeinplatz! Er ist seit Jahrhunderten aufgespeicherte Weisheit.

Ein fauler und ein fleißiger Mensch können nicht gut miteinander leben, der faule verachtet den fleißigen gar zu sehr.

Wenn man nicht aufhören will, die Menschen zu lieben, muß man nicht aufhören, ihnen Gutes zu tun.

Das edle: Ich will! hat keinen schlimmeren Feind als das feige, selbstbetrügerische: Ja, wenn ich wollte!

Es kommt alles auf die Umgebung an. Die Sonne im lichten Himmelsraume hat eine viel geringere Meinung von sich als die Unschlittkerze, die im Keller brennt.

Der Künstler versäume nie, die Spuren des Schweißes zu verwischen, den sein Werk gekostet hat. Sichtbare Mühe war zu wenig Mühe.

Die Herrschaft über den Augenblick ist die Herrschaft über das Leben.

Man darf die Phantasie verführen, aber Gewalt darf man ihr nicht antun wollen.

Nicht tödlich, aber unheilbar, das sind die schlimmsten Krankheiten.

Kein Mensch steht so hoch, daß er anderen gegenüber nur gerecht sein dürfte.

Wenn die Zeit kommt, in der man könnte, ist die vorüber, in der man kann.

Der Umgang mit einem Egoisten ist darum so verderblich, weil die Notwehr uns zwingt, allmählich in seinen Fehler zu verfallen.

Das gibt sich, sagen schwache Eltern von den Fehlern ihrer Kinder. O nein, es gibt sich nicht, es entwickelt sich!

Das Recht des Stärkeren ist das stärkste Unrecht.

Der größte Feind des Rechtes ist das Vorrecht.

Zwischen Können und Tun liegt ein Meer und auf seinem Grunde die gescheiterte Willenskraft.

Ein stolzer Mensch verlangt von sich das Außerordentliche, ein hochmütiger schreibt es sich zu.

Bewunderung der Tugend ist Talent zur Tugend.

Viele Leute glauben, wenn sie einen Fehler erst eingestanden haben, brauchen sie ihn nicht mehr abzulegen.

Die bedauernswertesten Menschen sind diejenigen, welche Pflichtgefühl besitzen, aber nicht die Kraft, ihm zu genügen.

Beim Wiedersehen nach einer Trennung fragen die Bekannten nach dem, was mit uns, die Freunde nach dem, was in uns vorgegangen.

Es gibt überall verschämte Arme, nur nicht in der Literatur.

Wer sich mit wenig Ruhm begnügt, verdient nicht vielen.

Sagen, was man denkt, ist manchmal die größte Torheit und manchmal – die größte Kunst.

Menschen, die viel von sich sprechen, machen – so ausgezeichnet sie übrigens sein mögen – den Eindruck der Unreife.

Es gibt mehr naive Männer als naive Frauen.

Der Weise ist selten klug.

Wieviel Bewegung wird hervorgebracht durch das Streben nach Ruhe!

Echte Propheten haben manchmal, falsche Propheten haben immer fanatische Anhänger.

Soweit die Erde Himmel sein kann, soweit ist sie es in einer glücklichen Ehe.

Demut ist Unverwundbarkeit.

Ein guter Witz muß den Schein des Unabsichtlichen haben. Er gibt sich nicht dafür, aber siehe da, der Scharfsinn des Hörers entdeckt ihn, entdeckt den geistreichen Gedanken in der Maske eines schlichten Wortes. Ein guter Witz reist inkognito.

Manche Tugenden kann man dadurch erwerben, daß man sie lange Zeit hindurch heuchelt. Andere wird man um so weniger erringen, je mehr man sucht, sich ihren Schein zu geben. Zu den ersten gehört der Mut, zu den zweiten die Bescheidenheit.

Wohlerzogene Menschen sprechen in Gesellschaft weder vom Wetter noch von der Religion.

Der Staat ist am tiefsten gesunken, dessen Regierung schweigend zuhören muß, wenn die offenkundige Schufterei ihr Sittlichkeit predigt.

Nicht leisten können, was andere leisten – du mußt dich bescheiden. Nicht mehr leisten können, was du selbst einmal geleistet hast – zum Verzweifeln.

Liebhabereien bewahren vor Leidenschaften; eine Liebhaberei wird zur Leidenschaft.

Welch ein Unterschied liegt darin, wie man's macht und wie sich's macht!

Den Strich, den das Genie in einem Zuge hinwirft, kann das Talent in glücklichen Stunden aus Punkten zusammensetzen.

Ein Nichts vermag das Vertrauen in die eigene Kraft zu erschüttern, aber nur ein Wunder vermag es wieder zu befestigen.

Vieles erfahren haben, heißt noch nicht Erfahrung besitzen.

In jede hohe Freude mischt sich eine Empfindung der Dankbarkeit.

Die Menschen, bei denen Verstand und Gemüt sich die Waage halten, gelangen spät zur Reife.

Der niemals Ehrfurcht empfunden hat, wird sie auch niemals erwecken.

Wo gibt es noch einmal zwei Dinge so entgegengesetzt und doch so nahe verwandt, so unähnlich und doch so oft kaum voneinander zu unterscheiden wie Bescheidenheit und Stolz.

Nicht was wir erleben, sondern wie wir empfinden, was wir erleben, macht unser Schicksal aus.

Es gäbe keine Geselligkeit, alle Familienbande würden gelockert, wenn die Gedanken der Menschen auf ihrer Stirn zu lesen wären.

Wenn mein Herz nicht spricht, dann schweigt auch mein Verstand, sagt die Frau.
Schweige, Herz, damit der Verstand zu Worte komme, sagt der Mann.

Liebe alle Menschen, der Leidende aber sei dein Kind.

Die Langeweile, die in manchem Buche herrscht, gereicht ihm zum Heil; die Kritik, die schon ihren Speer erhoben hatte, schläft ein, bevor sie ihn geschleudert hat.

An Rheumatismen und an wahre Liebe glaubt man erst, wenn man davon befallen wird.

Ärzte werden gehaßt aus Überzeugung oder aus Ökonomie.

Die Ambrosia der früheren Jahrhunderte ist das tägliche Brot der späteren.

Ein wirklich guter und liebenswürdiger Mensch kann soviel Freunde haben, als er will, aber nicht immer diejenigen, die er will.

Auf angeborene Tugenden ist man nicht stolz.

Ein ganzes Buch – ein ganzes Leben.

Was Menschen und Dinge wert sind, kann man erst beurteilen, wenn sie alt geworden.

Der Wohlwollende fürchtet Mißgunst nicht.

Wir hätten wenig Mühe, wenn wir niemals unnötige Mühe hätten.

Es findet nicht nur jeder Odysseus seinen Homer, sondern auch jeder Mahomet seine Chadidscha.

Jeder Weltmann verkehrt lieber mit einem wohlerzogenen Bösewicht als mit einem schlechterzogenen Heiligen.

Wenn wir an Freuden denken, die wir erlebt haben oder noch zu erleben hoffen, denken wir sie uns immer ungetrübt.

Nicht jeder große Mann ist ein großer Mensch.

Die uns gespendete Liebe, die wir nicht als Segen und Glück empfinden, empfinden wir als eine Last.

Nichts lernen wir so spät und verlernen wir so früh, als zugeben, daß wir unrecht haben.

Die Taten reden, aber den Ungläubigen überzeugen sie doch nicht.

Jeder Dichter und alle ehrlichen Dilettanten schreiben mit ihrem Herzblute, aber wie diese Flüssigkeit beschaffen ist, darauf kommt es an.

Je weiter unsere Erkenntnis Gottes dringt, je weiter weicht Gott vor uns zurück.

Der Genius weist den Weg, das Talent geht ihn.

Die Menschen, die wir am meisten verwöhnen, sind nicht immer die, die wir am meisten lieben.

Dem großen Dichter muß man ein starkes Selbstgefühl zugute halten. Eine gewisse Gottähnlichkeit ist dem nicht abzusprechen, der aus seinem Geiste Menschen schafft.

Überlege einmal, bevor du gibst, zweimal, bevor du annimmst, und tausendmal, bevor du verlangst.

Der Maßstab, den wir an die Dinge legen, ist das Maß unseres eigenen Geistes.

Der Künstler hat nicht dafür zu sorgen, daß sein Werk Anerkennung finde, sondern dafür, daß es sie verdiene.

Ein einziges Wort verrät uns manchmal die Tiefe eines Gemüts, die Gewalt eines Geistes.

Sobald eine Mode allgemein geworden ist, hat sie sich überlebt.

Die Natur hat leicht verschwenden; auch das scheinbar ganz nutzlos Verstreute fällt zuletzt doch in ihren Schoß.

Der kleinste Fehler, den ein Mensch uns zuliebe ablegt, verleiht ihm in unseren Augen mehr Wert als die größten Tugenden, die er sich ohne unser Zutun aneignet.

Es ist schlimm, wenn zwei Eheleute einander langweilen; viel schlimmer jedoch ist es, wenn nur einer von ihnen den andern langweilt.

Die größte Gewalt über einen Mann hat die Frau, die sich ihm zwar versagt, ihn aber in dem Glauben zu erhalten versteht, daß sie seine Liebe erwidere.

Was noch zu leisten ist, das bedenke; was du schon geleistet hast, das vergiß.

Wer die materiellen Genüsse des Lebens seinen idealen Gütern vorzieht, gleicht dem Besitzer eines Palastes, der sich in den Gesindestuben einrichtet und die Prachtsäle leer stehen läßt.

Im Laufe des Lebens nützen unsere Laster sich ab wie unsere Tugenden.

Die Welt gehört denen, die sie haben wollen, und wird von jenen verschmäht, denen sie gehören sollte.

Wenn ich nicht predigen müßte, würde ich mich nicht kasteien, sagte ein wahrheitsliebender Priester.

Treue üben ist Tugend, Treue erfahren ist Glück.

Der Augenblick tritt niemals ein, in welchem der Dummkopf den Weisen nicht für fähig hielte, einen Unsinn zu sagen oder eine Torheit zu begehen.

Die Gleichgültigkeit, der innere Tod, ist manchmal ein Zeichen von Erschöpfung, meistens ein Zeichen von geistiger Impotenz und immer – guter Ton.

Was liegt am Ruhm, da man den Nachruhm nicht erleben kann?

Wir sind für nichts so dankbar wie für Dankbarkeit.

Es darf so mancher Talentlose von dem Werke so manches Talentvollen sagen: Wenn ich das machen könnte, würde ich es besser machen.

Dilettanten haben nicht einmal in einer sekundären Kunst etwas Bleibendes geleistet, sich aber verdient gemacht um die höchste aller Wissenschaften, die Philosophie. Den Beweis dafür liefern: Montaigne, La Rochefoucauld, Vauvenargues.

Wenn wir auch der Schmeichelei keinen Glauben schenken, der Schmeichler gewinnt uns doch. Einige Dankbarkeit empfinden wir immer für den, der sich die Mühe gibt, uns angenehm zu belügen.

Aus dem Mitleid mit anderen erwächst die feurige, die mutige Barmherzigkeit; aus dem Mitleid mit uns selbst die weichliche, feige Sentimentalität.

Je kleiner das Sandkörnlein ist, desto sicherer hält es sich für die Achse der Welt.

Nur die allergescheitesten Leute benützen ihren Scharfsinn nicht bloß zur Beurteilung anderer, sondern auch ihrer selbst.

Nächstenliebe lebt mit tausend Seelen, Egoismus mit einer einzigen, und die ist erbärmlich.

Das Vernünftige ist durchaus nicht immer das Gute, das Vernünftigste jedoch muß auch das Beste sein.

Späte Freuden sind die schönsten; sie stehen zwischen entschwundener Sehnsucht und kommendem Frieden.

Künstler haben gewöhnlich die Meinung von uns, die wir von ihren Werken haben.

Sehr geringe Unterschiede begründen manchmal sehr große Verschiedenheiten.

Der Spott endet, wo das Verständnis beginnt.

Um ein öffentliches Amt glänzend zu verwalten, braucht man eine gewisse Anzahl guter und – schlechter Eigenschaften.

Hoffnungslose Liebe macht den Mann kläglich und die Frau beklagenswert.

Alle Enttäuschungen sind gering im Vergleich zu denen, die wir an uns selbst erleben.

Je kürzer der Fleiß, je länger der Tag.

Den Menschen, die große Eigenschaften besitzen, verzeiht man ihre kleinen Fehler am schwersten.

Dem Hungrigen ist leichter geholfen als dem Übersättigten.

Weh der Frau, die nicht im Falle der Not ihren Mann zu stellen vermag.

Das unfehlbare Mittel, Autorität über die Menschen zu gewinnen, ist, sich ihnen nützlich zu machen.

Rücksichtslosigkeiten, die edle Menschen erfahren haben, verwandeln sich in Rücksichten, die sie erweisen.

Wenn man ein Seher ist, braucht man kein Beobachter zu sein.

Der ans Ziel getragen wurde, darf nicht glauben, es erreicht zu haben.

Es ist die Frage, was man im Leben sucht, Unterhaltung oder Liebe. Im ersten Falle darf man es nicht allzugenau mit der moralischen, im zweiten nicht allzugenau mit der geistigen Beschaffenheit der Menschen nehmen, mit denen man sich umgibt.

Den Feind unserer Marotte unseren Freund nennen, heißt gescheit sein.

Und ich habe mich so gefreut! sagst du vorwurfsvoll, wenn dir eine Hoffnung zerstört wurde. Du hast dich gefreut – ist das nichts?

Sogar der edelste Mensch ist unfähig, einer Handlung vollkommen gerecht zu werden, die er selbst unter keiner Bedingung zu vollziehen vermöchte.

Wenn wir nur noch das sehen, was wir zu sehen wünschen, sind wir bei der geistigen Blindheit angelangt.

Unser Stolz auf den Besitz irgendeiner guten Eigenschaft erleidet einen argen Stoß, wenn wir sehen, wie stolz andere auf das Nichtbesitzen derselben guten Eigenschaft sind.

Die wahre Ehrfurcht geht niemals aus der Furcht hervor.

Die größte Gleichmacherin ist die Höflichkeit; durch sie werden alle Standesunterschiede aufgehoben.

Wenn jeder dem andern helfen wollte, wäre allen geholfen.

Das Gemüt bleibt jung, solange es leidensfähig bleibt.

Ausdauer ist eine Tochter der Kraft, Hartnäckigkeit eine Tochter der Schwäche, nämlich – der Verstandesschwäche.

Theorie und Praxis sind eins wie Seele und Leib, und wie Seele und Leib liegen sie großenteils miteinander in Streit.

Die Liebe überwindet den Tod, aber es kommt vor, daß eine kleine üble Gewohnheit die Liebe überwindet.

In der großen Welt gefällt nichts so sehr wie die Gleichgültigkeit darüber, ob man ihr gefällt.

Die Laster sind untereinander näher verwandt als die Tugenden.

Man muß schon etwas wissen, um verbergen zu können, daß man nichts weiß.

Die Palme beugt sich, aber nicht der Pfahl.

Die meisten Menschen ertragen es leichter, daß man ihnen zuwider handelt, als daß man ihnen zuwider spricht.

Die Gelassenheit ist eine anmutige Form des Selbstbewußtseins.

Begreifen – geistiges Berühren. Erfassen – geistiges Sich-aneignen.

Die Unschuld des Mannes heißt Ehre; die Ehre der Frau heißt Unschuld.

Gedanken, die schockweise kommen, sind Gesindel. Gute Gedanken erscheinen in kleiner Gesellschaft. Ein göttlicher Gedanke kommt allein.

Es muß sein! – grausamster Zwang. Es hat sein müssen! – bester Trost.

Als eine Frau lesen lernte, trat die Frauenfrage in die Welt.

Während des Beisammenseins mit geliebten Menschen kann man sich in den Zustand der Trennung von ihnen ebensowenig hineindenken wie in den des Todes.

Eitelkeit ist mächtiger als Scham.

Der Weltmann kennt gewöhnlich die Menschen, aber nicht den Menschen. Beim Dichter ist's umgekehrt.

Im Grunde ist jedes Unglück gerade nur so schwer, als man es nimmt.

Tugend und Gelehrsamkeit haben nichts miteinander gemein, heißt es. Seht aber zu, wohin es mit eurem moralischen Fortschreiten kommt, wenn ihr von dem geistigen Fortschreiten eurer Zeit keine Notiz nehmt.

Das Erfundene kann vervollkommnet, das Geschaffene nur nachgeahmt werden.

Niemand ist so beflissen, immer neue Eindrücke zu sammeln, als derjenige, der die alten nicht zu verarbeiten versteht.

Die Änderung, die unser Naturell im Laufe des Lebens erfährt, sieht manchmal aus wie eine Änderung unseres Charakters.

Liebe ist Qual, Lieblosigkeit ist Tod.

Die Sitte ist schon gerichtet, zu deren Gunsten wir kein anderes Argument vorzubringen wissen als das ihrer Allgemeinheit.

Die Kleinen schaffen, der Große erschafft.

Daß andere Leute kein Glück haben, finden wir sehr leicht natürlich, daß wir selbst keines haben, immer unfaßbar.

Erinnere dich der Vergessenen – eine Welt geht dir auf.

Alle irdische Gewalt beruht auf Gewalttätigkeit.

Die Grausamkeit des Ohnmächtigen äußert sich als Gleichgültigkeit.

Am unbarmherzigsten im Urteil über fremde Kunstleistungen sind die Frauen mittelmäßiger Künstler.

Im Alter sind wir der Schmeichelei viel zugänglicher als in der Jugend.

Die Frau, die ihren Mann nicht beeinflussen kann, ist ein Gänschen. Die Frau, die ihn nicht beeinflussen will – eine Heilige.

Der Egoismus glücklicher Menschen ist leichtsinnig, seiner selbst unbewußt. Der Egoismus unglücklicher Menschen ist verbissen, bitter und von seinem Recht zu bestehen überzeugt.

Man bleibt jung, solange man noch lernen, neue Gewohnheiten annehmen und einen Widerspruch ertragen kann.

Da zuletzt doch alles auf den Glauben hinausläuft, müssen wir jedem Menschen das Recht zugestehen, lieber das zu glauben, was er sich selbst, als was andere ihm weisgemacht.

Gutmütigkeit ist eine alltägliche Eigenschaft, Güte die höchste Tugend.

In der Jugend meinen wir, das Geringste, das die Menschen uns gewähren können, sei Gerechtigkeit. Im Alter erfahren wir, daß es das Höchste ist.

Genug weiß niemand, zuviel so mancher.

Verlegenheit äußert sich bei unerzogenen Menschen als Grobheit, bei nervösen Menschen als Schwatzhaftigkeit, bei alten Jungfern und Junggesellen als Bissigkeit. Phlegmatische Menschen macht die Verlegenheit stumm.

Wo Geschmacklosigkeit daheim ist, wird auch immer etwas Roheit wohnen.

Der Verstand macht Märtyrer so gut wie die Phantasie, doch er verläßt die Seinen am Ende; sie bleibt den Ihren getreu.

Bis zu einem gewissen Grade selbstlos sollte man schon aus Selbstsucht sein.

Die Rücksichten, die uns in der Welt erwiesen werden, stehen meistens in näherer Beziehung zu unseren Ansprüchen als zu unseren Verdiensten.

Herrschaft behaupten wollen, heißt kämpfen wollen. Nutzen stiften wollen, heißt freilich auch kämpfen wollen, aber – um den Frieden.

Das Feuer läutert, verdeckte Glut frißt an.

Hab einen guten Gedanken, man borgt dir zwanzig.

Es gibt Menschen im Zopfstil: viele hübsche Einzelheiten, das Ganze abgeschmackt.

Das Gefühl schuldiger Dankbarkeit ist eine Last, die nur starke Seelen zu ertragen vermögen.

Die Menschen der alten Zeit sind auch die der neuen, aber die Menschen von gestern sind nicht die von heute.

Die Kunst ist im Niedergang begriffen, die sich von der Darstellung der Leidenschaft zu der des Lasters wendet.

Man darf anders denken als seine Zeit, aber man darf sich nicht anders kleiden.

Grobheit – geistige Unbeholfenheit.

Wir können uns nie genug darüber wundern, wie so wichtig den andern ihre eigenen Angelegenheiten sind.

Die Kritik ist von geringer Qualität, die meint, ein Kunstwerk nur dann richtig beurteilen zu können, wenn sie die Verhältnisse kennt, unter denen es entstanden ist.

Dem, der uns Gutes tut, sind wir nie so dankbar wie dem, der uns Böses tun könnte, es aber unterläßt.

So mancher meint ein Don Juan zu sein und ist nur ein Faun.

Vorurteil stützt die Throne, Unwissenheit die Altäre.

Es kommt vor, daß Berge Mäuse gebären; manchmal tritt aber auch der entsetzliche Fall ein, daß einer Maus zugemutet wird, einen Berg zu gebären.

Die Kraft verleiht Gewalt, die Liebe leiht Macht.

Jeder Künstler soll es der Vogelmutter nachmachen, die sich um ihre Brut nicht mehr bekümmert, sobald sie flügge geworden ist.

Frieden kannst du nur haben, wenn du ihn gibst.

Den Angriffen der Gemeinheit gegenüber ist es schwer, nicht in Selbstüberhebung zu verfallen.

Die einzigen von der Welt unbestrittenen Ehren, die einer Frau zuteil werden können, sind diejenigen, die sie im Reflex der Ehren ihres Mannes genießt.

Im Unglück finden wir meistens die Ruhe wieder, die uns durch die Furcht vor dem Unglück geraubt wurde.

Die Geschichte hat Helden und Werkzeuge und macht beide unsterblich.

Die großen Augenblicke im guten wie im bösen Sinne sind die, in denen wir getan haben, was wir uns nie zugetraut hätten.

Wenn die Nachtigallen aufhören zu schlagen, fangen die Grillen an zu zirpen.

Der Witzling ist der Bettler im Reich der Geister; er lebt von Almosen, die das Glück ihm zuwirft – von Einfällen.

An die Stützen, die wir wanken fühlen, klammern wir uns doppelt fest.

Das meiste haben wir gewöhnlich in der Zeit getan, in der wir meinten, zu wenig zu tun.

Die allerstillste Liebe ist die Liebe zum Guten.

Beim Genie heißt es: Laß dich gehen! Beim Talent: Nimm dich zusammen!

Ein böser Mensch vermag leichter einen guten, als ein guter einen bösen Vorsatz auszuführen.

Wisset, die euch Haß predigen, erlösen euch nicht.

Wir werden vom Schicksal hart oder weich geklopft; es kommt auf das Material an.

Die Aufgabe vieler Dichtergenerationen ist keine andere, als das Werkzeug blank zu erhalten.

Welcher Autor darf sagen, daß der Gedanke an die Oberflächlichkeit der meisten Leser ihm stets ein peinlicher und nicht mitunter auch ein tröstlicher sei?

Freundlichkeit kann man kaufen.

Der Platz des Unparteiischen ist auf Erden zwischen den Stühlen, im Himmel aber wird er zur Rechten Gottes sitzen.

Kein Mensch weiß, was in ihm schlummert und zutage kommt, wenn sein Schicksal anfängt, ihm über den Kopf zu wachsen.

Geniere dich vor dir selbst, das ist der Anfang aller Vorzüglichkeit.

Die Literatur wird heutzutage meist als Kunsthandwerk betrieben.

Einen mit Weisheit Gesalbten darf man nie warm werden lassen, sonst trieft er.

Man kann sich nicht im Besitz von eigentlich unveräußerlichen Gütern befinden, ohne etwas von seinem Rechtssinn einzubüßen.

Die Reue treibt den Schwachen zur Verzweiflung und macht den Starken zum Heiligen.

Je ungebildeter ein Mensch, je schneller ist er mit einer Ausrede fertig.

Die Erfolge des Tages gehören der verwegenen Mittelmäßigkeit.

Alberne Leute sagen Dummheiten, gescheite Leute machen sie.

Das scheinbar am unnötigsten gebrachte, törichtste Opfer steht der absoluten Weisheit immer noch näher als die klügste Tat der sogenannten berechtigten Selbstsucht.

»Der Verstand wird meist auf Kosten des Gemütes ausgebildet.« – O nein, aber es gibt mehr bildungsfähige Köpfe als bildungsfähige Herzen.

Der Arbeiter soll seine Pflicht tun, der Arbeitgeber soll mehr tun als seine Pflicht.

Bei den Hottentotten ist nicht einmal Napoleon berühmt.

Die Katzen halten keinen für eloquent, der nicht miauen kann.

Ob das Werkzeug früher versagt oder die Hand, ist ein großer Unterschied, kommt aber auf eins heraus.

Das Leben erzieht die großen Menschen und läßt die kleinen laufen.

Der Pfennig der Witwe wird von der Kirche dankbar quittiert. Willst du gleichen Lohn empfangen im Tempel der Kunst, dann sei ein Krösus und bringe dein Hab und Gut.

Geistlose Lustigkeit – Fratze der Heiterkeit.

Es glaube doch nicht jeder, der imstande war, seine Meinung von einem Kunstwerk aufzuschreiben, er habe es kritisiert.

Einen Menschen kennen, heißt ihn lieben oder ihn bedauern.

Steril ist der, dem nichts einfällt; langweilig ist, der ein paar alte Gedanken hat, die ihm alle Tage neu einfallen.

Es gibt wenig aufrichtige Freunde – die Nachfrage ist auch gering.

Der von Schaffensfreude spricht, hat höchstens Mücken geboren.

Die Wunden, die unserer Eitelkeit geschlagen werden, sind halb geheilt, wenn es uns gelingt, sie zu verbergen.

Wir sind leicht bereit, uns selbst zu tadeln, unter der Bedingung – daß niemand einstimmt.

Sei froh, wenn jeder Lober dir nur einen Neider erweckt.

Klarheit ist Wahrhaftigkeit in der Kunst und in der Wissenschaft.

Soweit deine Selbstbeherrschung geht, so weit geht deine Freiheit.

Was du bekrittelst, hast du verloren.

Der Leichtsinnige kümmert sich nicht einmal um den morgigen Tag, und ihr wollt ihn mit der Ewigkeit schrekken?

Es ist schwer, den, der uns bewundert, für einen Dummkopf zu halten.

Daß soviel Ungezogenheit gut durch die Welt kommt, daran ist die Wohlerzogenheit schuld.

Nur der Denkende erlebt sein Leben, am Gedankenlosen zieht es vorbei.

Wenn ihr wüßtet, daß ihr solidarisch seid für jedes begangene Unrecht, das Lästern würde euch vergehen.

Der sich gar zu leicht bereit findet, seine Fehler einzusehen, ist selten der Besserung fähig.

Manche Menschen haben ein Herz von Eisen und drin ein Fleckchen so weich wie Brei.

Die öffentliche Meinung wird verachtet von den erhabensten und von den am tiefsten gesunkenen Menschen.

Es gibt keine schüchternen Lehrlinge mehr, es gibt nur noch schüchterne Meister.

Was geschehen ist, solange die Welt steht, braucht deshalb nicht zu geschehen, solange sie noch stehen wird.

Wenn wir nur das Unrecht hassen und nicht diejenigen, die es tun, werden wir unsere Kampfgenossen und unsere Feinde lieben.

Unbefangenheit, Geradheit, Bescheidenheit sind auch göttliche Tugenden.

Mißtraue deinem Urteil, sobald du darin den Schatten eines persönlichen Motivs entdecken kannst.

Der Ignorant weiß nichts, der Parteimann will nichts wissen.

Wir sind in Todesangst, daß die Nächstenliebe sich zu weit ausbreiten könnte, und richten Schranken gegen sie auf – die Nationalitäten.

Nichts Besseres kann der Künstler sich wünschen als grobe Freunde und höfliche Feinde.

Alle historischen Rechte veralten.

Anspruchslosigkeit ist Seligkeit.

Ein armer wohltätiger Mensch kann sich manchmal reich fühlen, ein geiziger Krösus nie.

Der Ruhm der kleinen Leute heißt Erfolg.

Besondere Stände haben sich gebildet, um uns zu vermitteln, was nur durch die unmittelbarste Einwirkung in uns lebendig werden kann.

Der völlig vorurteilslos ist, muß es auch gegen das Vorurteil sein.

Die »Vornehmen« – etymologisch diejenigen, die vor allen andern nehmen, und zugleich die Bezeichnung für Adelige oder Edle.

Wer hat nicht schon das, was er sich zutraut, für das gehalten, was er vermag?

Ein Held – hochheiliger Ernst der Natur; eine Heldin – Spiel der Natur.

Immer wird die Gleichgültigkeit und die Menschenverachtung dem Mitgefühl und der Menschenliebe gegenüber einen Schein von geistiger Überlegenheit annehmen können.

Wir unterschätzen das, was wir haben, und überschätzen das, was wir sind.

So manches können wir anderen zuliebe tun, unsere Schuldigkeit tun wir immer nur uns selbst zuliebe.

Es gibt eine nähere Verwandtschaft als die zwischen Mutter und Kind: die zwischen dem Künstler und seinem Werke.

Die Summe unserer Erkenntnisse besteht aus dem, was wir gelernt, und aus dem, was wir vergessen haben.

Begeisterung spricht nicht immer für den, der sie erweckt, und immer für den, der sie empfindet.

Die stillstehende Uhr, die täglich zweimal die richtige Zeit angezeigt hat, blickt nach Jahren auf eine lange Reihe von Erfolgen zurück.

Während ein Feuerwerk abgebrannt wird, sieht niemand nach dem gestirnten Himmel.

Was wir unserem besten Freunde nicht anvertrauen würden, rufen wir ins Publikum.

Auch der ungewöhnlichste Mensch ist gehalten, seine ganz gewöhnliche Schuldigkeit zu tun.

Eine ungeschickte Schmeichelei kann uns tiefer demütigen als ein wohlbegründeter Tadel.

Der Hans, der etwas erlernte, was Hänschen nicht gelernt, der weiß es gut.

Ein Hauptzweck unserer Selbsterziehung ist, die Eitelkeit in uns zu ertöten, ohne welche wir nie erzogen worden wären.

Das Talent zu herrschen täuscht oft über den Mangel an anderem Talent.

Die glücklichen Sklaven sind die erbittertsten Feinde der Freiheit.

Was wissen wir nicht alles zur Entschuldigung von Fehlern und Übelständen vorzubringen, aus denen wir Nutzen ziehen!

Nichts bist du, nichts ohne die andern. Der verbissenste Misanthrop braucht die Menschen doch, wenn auch nur, um sie zu verachten.

Kein Toter ist so gut begraben wie eine erloschene Leidenschaft.

Man kann den Leuten aus dem Wege gehen vor lauter Verachtung oder – vor lauter Respekt.

Die Treue ist etwas so Heiliges, daß sie sogar einem unrechtmäßigen Verhältnisse Weihe verleiht.

An dem Manna der Anerkennung lassen wir es uns nicht genügen, uns verlangt nach dem Gifte der Schmeichelei.

Überlege wohl, bevor du dich der Einsamkeit ergibst, ob du auch für dich selbst ein heilsamer Umgang bist.

Wir sind Herr über unsere gerechtfertigten Neigungen und werden von den ungerechtfertigten am Narrenseil geführt.

Glaube deinen Schmeichlern – du bist verloren; glaube deinen Feinden – du verzweifelst.

Jeder Mensch hat ein Brett vor dem Kopf – es kommt nur auf die Entfernung an.

Am weitesten in der Rücksichtslosigkeit bringen es die Menschen, die vom Leben nichts verlangen als ihr Behagen.

Der kleinste Hügel vermag uns die Aussicht auf einen Chimborasso zu verdecken.

Wir können es im Alter zu nichts Schönerem bringen als zu einem milden und anspruchslosen Quietismus.

Nichts schwerer, als den gelten lassen, der uns nicht gelten läßt.

Was dein Wort zu bedeuten hat, erfährst du durch den Widerhall, den es erweckt.

Es steht etwas über unseren schaffensfreudigen Gedanken, das feiner und schärfer ist als sie. Es sieht ihrem Entstehen zu, es überwacht, ordnet und zügelt sie, es mildert ihnen oft die Farben, wenn sie Bilder weben, und hält sie am knappsten, wenn sie Schlüsse ziehen. Seine Ausbildung hängt von der unserer edelsten Fähigkeiten ab. Es ist nicht selbst schöpferisch, aber wo es fehlt, kann nichts Dauerndes entstehen; es ist eine moralische Kraft, ohne die unsere geistige nur Schemen hervorbringt; es ist das Talent zum Talent, sein Halt, sein Auge, sein Richter, es ist – das künstlerische Gewissen.

Die Großmut ist nicht immer am rechten Platz, der Geiz aber ist immer am unrechten.

Auch das kleinste Licht hat sein Atmosphärchen.

Wir sträuben uns gegen das Leiden, wer aber möchte nicht gelitten haben?

Nenne dich nicht arm, weil deine Träume nicht in Erfüllung gegangen sind; wirklich arm ist nur, der nie geträumt hat.

So reich unser Leben an wohlausgenützten Gelegenheiten war, vortrefflichen Menschen nahezustehen, so reich ist es überhaupt gewesen.

Wie teuer du eine schöne Illusion auch bezahltest, du hast doch einen guten Handel gemacht.

Wohl finden wir unsere Worte auf den Lippen der Freunde wieder, aber nicht mehr als unser, sondern als ihr Eigentum.

Am Ziele deiner Wünsche wirst du jedenfalls eines vermissen: dein Wandern zum Ziel.

Wir müssen immer lernen, zuletzt auch noch sterben lernen.

*

Vertrauensselig – ein schönes Wort. Vertrauen macht selig den, der es hat, und den, der es einflößt.

Wir sind so eitel, daß uns sogar an der Meinung der Leute, an denen uns nichts liegt, etwas gelegen ist.

Es gibt nicht nur eine Volksindividualität, es gibt eine Stadt-, eine Dorfindividualität; jedes Haus hat seine, jede Hütte hat ihre besondere Physiognomie.

Die Sehenden sind es nicht, die sich für sehend halten, immer nur die Blinden.

Nichts entfernt zwei innerlich wenig verwandte Menschen mehr voneinander, als das Zusammenleben.

Lieber von einer Hand, die wir nicht drücken möchten, geschlagen, als von ihr gestreichelt werden.

Der Verstand, der uns nicht hindert, hie und da eine großherzige Dummheit zu begehen, ist ein braver Verstand.

In den meisten Fällen ist die Familie für ein junges Talent entweder ein Treibhaus oder ein Löschhorn.

Die Forderungen der strengsten Moral sind nicht immer mit denen des Berufs, sei er ein noch so hoher, in Einklang zu bringen.

Was ist Reue? Eine große Trauer darüber, daß wir sind, wie wir sind.

Schrittweises Zurückweichen ist oft schlimmer als ein Sturz.

Es ist keine Sünde, ein Dummkopf zu sein, aber die größten Sünden werden von Dummköpfen begangen.

Nicht teilnehmen an dem geistigen Fortschreiten seiner Zeit, heißt moralisch im Rückschritt sein.

Ich bereue nichts, sagt der Übermut, ich werde nichts bereuen die Unerfahrenheit.

Wohl dem, der sagen darf: Der Tag der Aussaat war der Tag der Ernte!

Der Kritizismus kann dich zum Philosophen machen, aber nur der Glauben zum Apostel.

Tiefe Bildung glänzt nicht.

Ein Gewaltiger erlebt Gewaltiges in seinen vier Pfählen.

In der Fähigkeit, einen edlen Wunsch intensiv und heiß zu nähren, liegt etwas wie Erfüllung.

Gemeinsame geistige Tätigkeit verbindet enger als das Band der Ehe.

Tue deine Pflicht so lange, bis sie deine Freude wird.

Nur wieder empor nach jedem Sturz aus der Höhe! Entweder fällst du dich tot, oder es wachsen dir Flügel.

Unsere Fehler bleiben uns immer treu, unsere guten Eigenschaften machen alle Augenblicke kleine Seitensprünge.

Alles Wissen geht aus einem Zweifel hervor und endigt in einem Glauben.

Wenn der Mann das Amt hat und die Frau den Verstand, dann gibt es eine gute Ehe.

Die Genußsucht frißt alles, am liebsten aber das Glück.

Der einfachste Mensch ist immer noch ein sehr kompliziertes Wesen.

Du kannst dem Glück nicht ein Pförtlein öffnen, ohne zugleich vor der Sorge ein Tor aufzureißen.

Wer auf meine Liebe nicht sündigt, glaubt nicht an sie.

Viele Worte sind lange zu Fuß gegangen, ehe sie geflügelte Worte wurden.

Was andere uns zutrauen, ist meist bezeichnender für sie als für uns.

Bitter ist der Tadel, aus dem wir mit dem besten Willen keinen Nutzen ziehen können.

Es ist unglaublich, was die Welt vergißt und – was sie nicht vergißt.

Es gäbe keine soziale Frage, wenn die Reichen von jeher Menschenfreunde gewesen wären.

Wir suchen die Wahrheit, finden wollen wir sie aber nur dort, wo es uns beliebt.

Langeweile ist die Halbschwester der Verzweiflung.

Wenn eine Frau sagt »jeder«, meint sie: jedermann. Wenn ein Mann sagt »jeder«, meint er: jeder Mann.

Ihr jubelt über die Macht der Presse – graut euch nie vor ihrer Tyrannei?

Beständiges unwillkürliches Lernen ist Sache des Genies.

Dafür, daß uns am Lobe nichts liegt, wollen wir besonders gelobt sein.

Das Schlechte, an das sogar die Bosheit nicht mehr glaubt, an das glaubt noch die Albernheit.

Edle Menschen sehen ihren geistigen wie ihren materiellen Reichtum als ein anvertrautes Gut an.

Immer dasselbe tun, wenn auch noch so gedankenlos – endlich wird's eine Methode.

Die Gewohnheit ist langlebiger als die Liebe und überwindet manchmal sogar die Verachtung.

Ein Blitz vom Himmel – dem steh ich! Eine Schaufel voll Kehricht – der weich ich aus!

Menschenverachtung – ein Panzer, der mit Stacheln gefüttert ist.

O Diamant! der Bimsstein gehört auch zu den Mineralien.

Je törichter dein Hoffen, um so fester.

Der Witz ist ein brillanter Emporkömmling von zweifelhafter Abstammung.

Es gibt leider nicht sehr viele Eltern, deren Umgang für ihre Kinder wirklich ein Segen ist.

Gleichgültigkeit jeder Art ist verwerflich, sogar die Gleichgültigkeit gegen uns selbst.

Läufer sind schlechte Geher.

Charakter eines Menschen: seine gebändigte, zugehauene, zugeschliffene oder seine wild wuchernde Natur.

Der Verstand kann ein Held sein, die Klugheit ist meistens ein Feigling.

Sich von einem ungerechten Verdacht reinigen wollen ist entweder überflüssig oder vergeblich.

Die Heiterkeit des Unglücklichen ist oft rührender als seine rührendste Klage.

Wenn wir die ersehnte Ruhe endlich haben werden, werden wir nichts mehr von ihr haben.

Nichts macht uns feiger und gewissenloser als der Wunsch, von allen Menschen geliebt zu werden.

Manche Ehen sind ein Zustand, in dem zwei Leute es weder mit noch ohne einander durch längere Zeit aushalten können.

Die öffentliche Meinung ist die Dirne unter den Meinungen.

Heitere Resignation – es gibt nichts Schöneres.

Im Entwurf, da zeigt sich das Talent, in der Ausführung die Kunst.

Geistlose kann man nicht begeistern, aber fanatisieren kann man sie.

Große Menschen sind da – aber nicht für die Kleinen.

Wer Gleichheit zu schaffen verstände, müßte der Natur Gewalt antun können.

Es gibt kein Wunder für den, der sich nicht wundern kann.

Der Mittelmäßige fühlt sich dem Ausgezeichneten gegenüber immer im Zustande der Notwehr.

Es gehört weniger Mut dazu, der allein Tadelnde, als der allein Lobende zu sein.

Eine stolz getragene Niederlage ist auch ein Sieg.

Wenn die, die uns nachfolgten, uns nicht mehr erreichen können, schwören sie darauf, daß wir uns verirrt haben.

Schaffen führt zum Glauben an einen Schöpfer.

Auch in dem elendesten Dasein gibt es ein Häkchen, an das ein Faden des Heils sich anknüpfen ließe.

Ein großes Können – ein großes Genießen.

Es schreibt keiner wie ein Gott, der nicht gelitten hat wie ein Hund.

Was ein Kind tut, soll nicht als eine Handlung, sondern als ein Symptom aufgefaßt werden.

Die Männer sind auf allen Gebieten die Führenden, nur auf dem Wege zum Himmel überlassen sie den Frauen den Vortritt.

Es gibt ein Buch, das viele, die es auswendig wissen, nicht kennen.

Ohne Phantasie keine Güte, keine Weisheit.

Die Wahrheit hat Kinder, die sie nach einiger Zeit verleugnet; sie heißen Wahrheiten.

Kinder und Greise fabeln. Die ersten, weil ihr Verstand die Herrschaft über die Phantasie noch nicht gewonnen, die zweiten, weil er sie verloren hat.

Die Moral, die gut genug war für unsere Väter, ist nicht gut genug für unsere Kinder.

Die kleinen Miseren des Lebens helfen uns manchmal über sein großes Elend hinweg.

*

Der Berg, der eine Maus gebiert, hat dabei ebenso große Arbeit wie der Vesuv, wenn er himmelhohe Flammen speit.

Es entmutigt oft den wärmsten Menschenfreund, daß er so viel Hilfsbedürftigen begegnet, denen nicht zu helfen ist.

Der Tadel der Gehässigkeit hat schon manchem Verdienst zur Anerkennung verholfen.

Der Wunsch ist der Vater der Hoffnung.

Um wieviel weniger bekümmert ein gescheiter Mensch sich um die Fehler anderer als um seine eigenen!

Der Arme will nicht für arm, der Reiche nicht für reich gelten, der erste fürchtet verachtet, der zweite ausgebeutet zu werden.

Den Tadel des Ersten Besten muß man hinnehmen; aber denjenigen, von dem man sich loben lassen soll, tut man gut, sich doch etwas näher anzusehen.

Mit unseren Eltern begraben wir die Vergangenheit, mit unseren Kindern die Zukunft.

Die Sterilität haßt alle Schaffenden, am meisten die unter ihren Augen Schaffenden.

»Welchen Stoff haben Sie ergriffen?« fragt man den Dichter, statt ihn zu fragen: »Welcher Stoff hat Sie ergriffen?«

Ein verdienter Sieg kommt fast immer zu spät.

Eigensinn – Mangel an Bildung. Eifersucht – Geiz.

Man sollte nicht sprechen von der Kunst, glücklich zu sein, sondern von der Kunst, sich glücklich zu fühlen.

So sehr der Besitz der gleichen Fehler die Menschen voneinander trennt, so sehr verbindet sie der Besitz der gleichen Schwächen.

Dem großen Publikum ist ein Buch nicht leicht zu schlecht, sehr leicht aber zu gut.

Wenn wir eine Freude ganz ungetrübt genießen sollen, muß sie einem Menschen zuteil werden, den wir lieben.

Ein Künstler – ein Priester.

Unsere Zeit ist um einen Sinn reicher als die klassische, das Mitleid hat ihn uns erschlossen.

Es gibt nichts Nobleres als die Bescheidenheit.

Liebe vergeht, Gleichgültigkeit vergeht nicht.

Kein Leiden braucht so viel Teilnahme und findet so wenige wie das selbstverschuldete.

Jeder Reiche soll jeden Armen als seinen Gläubiger betrachten, aber nicht jeder Arme jeden Reichen als seinen Schuldner.

Das ist meine Weltanschauung, wer aber die gegenteilige hat, kann weise sein, sagt der Weise.

Das ist meine Weltanschauung, und wer eine andere hat, ist ein Tor, sagt der Tor.

Der von der Heerstraße nicht weggekommen ist, sollte sich nichts darauf zugute tun, daß er sich nie verirrt hat.

Wenn zwei Menschen zugleich anfangen, einander zu lieben, das ist ein großes Glück. Ein noch größeres Glück aber ist, wenn beide auch zu gleicher Zeit aufhören, einander zu lieben.

Es gab einst eine rächende Gerechtigkeit; sie mußte einer strafenden weichen. Die Zeit ist nicht allzufern, in welcher auch das Recht zu strafen bezweifelt werden wird.

Selbsterkenntnis ist ein unfehlbares Mittel gegen Selbstliebe.

Zwei Gattungen Respekt müssen beim Schriftsteller immer im Zunehmen sein: der Respekt vor dem weißen Papier und der Respekt vor der Druckerschwärze.

Daß der Rosenstock keine Disteln trägt, wird ihm der Esel nie verzeihen.

Da hat ein Pfuscher ein hübsches Gedicht gemacht. Warum nicht? Ein ungeschmiertes Wagenrad singt manchmal wirklich wie ein Vogel.

Wir sollen nicht nur leben, als ob wir morgen sterben, sondern auch, als ob wir noch hundert Jahre leben könnten.

Wie jede schöne Daseinsblume verwelkt im Alter auch der Ehrgeiz; perennierend aber ist die elende Klette Eitelkeit.

Offene Türen werden meist mit großem Geräusch eingerannt. Der sich müht, ein Kunstschloß zu öffnen, tut es in behutsamer Stille.

Einem Künstler, von dem nichts gefällt, dem kann auch nichts gefallen.

Bevor aus deinem Stil etwas werden kann, muß aus dir selbst etwas geworden sein.

Der gesunde Menschenverstand ist der größte Feind der Phantasie und doch ihr bester Berater.

Mit wenig Talent macht man's schlecht, ohne Talent macht man gar nichts.

Es geht uns schlecht und wird erst besser werden, wenn unsere Philosophen mehr von der Welt, und unsere Welt mehr von den Philosophen wissen wird.

In dem ganzen Bereich menschlicher Schuld gibt es nur eine unverzeihliche: nicht verzeihen können.

Die Leute verheiraten einen Feuerbrand an eine Wachsfigur und predigen dem Ehepaar Liebe und Eintracht.

Ganz aufgehen in der Familie heißt ganz untergehen.

Die Fehler, vor denen wir auf der Hut sind, sind unsere ärgsten nicht.

Wie oft wird ein großer Name nur auf Kosten des guten Namens errungen!

Die Kunst steht im Dienste der Menschheit. Sie hat eine höhere Aufgabe als nur das darzustellen, was erfreut und gefällt.

Wir werden alt, unsre Eitelkeit wird immer jünger.

Frei sein von Vorurteilen – erste Bedingung der Nächstenliebe.

Je einfacher das Problem, desto tiefer muß es gefaßt werden.

Man sagt »in jungen Jahren« und »in alten Tagen«. Weil die Jugend Jahre, das Alter nur noch Tage vor sich hat.

In der Kunst ist alles Bilden nur ein Nachbilden.

Reizvoll und vergänglich passen zusammen, vom Schönen verlangen wir Dauer.

Die nicht zu danken verstehen, die sind die Ärmsten.

Der Tod ist der Erlöser, das Leiden ist der Feind.

Das schönste Freundschaftsverhältnis: – wenn jeder von beiden es sich zur Ehre rechnet, der Freund des andern zu sein.

Vor Verleumdung kann nicht einmal der liebe Herrgott sich schützen.

Wer meint es mit der Zukunft nicht schlechter als mit der Gegenwart? Wer freut sich nicht, wenn er das Heute auf Kosten des Morgen entlasten kann?

Die Einsamkeit ist kein Glück, aber die Zweisamkeit ist oft ein Unglück.

Gib dem recht, der recht hat, und er findet dich liebenswürdig; gib dem recht, der unrecht hat, und er betet dich an.

Sei nicht stolz, sprach das Laster zur Tugend, wenn du unsere Stammbäume vergleichst, findest du manchen gemeinsamen Ahnen.

So lang es mehr faule als fleißige Menschen gibt, bleibt der sozialistische Staat eine Utopie.

»Mein braver Freund«, hat man immer noch Gelegenheit zu sagen. Wer darf aber heutzutage von einem braven Feinde sprechen?

Man muß manchmal sogar der Versuchung, hilfreich zu sein, widerstehen können.

Stark im Tun, schwach im Dulden, ist Männerart. Schwach im Tun, stark im Dulden, ist Frauenart.

Es klagt mancher über ein Übel, der doch von ihm nicht befreit werden möchte.

An edlen und großen Eigenschaften der Menschen hat man zeitweise seine Freude, über ihre kleinen Unarten ärgert man sich beständig.

Das schlafende Gewissen wecken – welche Grausamkeit.

Manches begreift man nicht aus Beschränktheit, manches nicht aus Weisheit.

Ein Wunderkind, das heißt, ein um seine Kindheit betrogenes Kind.

Viele Männer gibt es, viele Frauen, die vernünftig sind im Umgang mit dem eigenen und ach, so albern im Umgang mit dem andern Geschlecht!

Modern sein heißt auf dem Wege sein, unmodern zu werden.

Anerzogen ist wie angeklebt, manchmal aber verwächst das Angeklebte.

Alles, was du sagen willst, sagen können, wie du willst, ist Talent.

Jedes Lämmlein drängt sich heute kampflustig in die Arena.

Das edelste, wohltuendste Verständnis findet der Künstler bei einem bescheiden gebliebenen Dilettanten.

Die Skizze sagt uns oft mehr als das ausgeführte Kunstwerk, weil sie uns zum Mitarbeiter macht.

Der sich nicht weh tun kann, wird andern nie wohl tun.

Kein Genußsüchtiger schreit so wild nach Freuden, wie ein Flagellant nach seiner Geißel schreit.

Nur der Starke kann verzeihen, der Schwächling wird immer nachtragen.

Man kann auf falschem Wege sein und doch zu den herrlichsten Aussichtspunkten gelangen, nur natürlich nicht – ans Ziel.

Vervollkommnung deiner selbst erreichst du nur durch Unzufriedenheit mit dir selbst.

Die schlechteste und die beste Meinung von den Männern haben die alten Jungfrauen.

Wir hassen unsere Fehler – wenn wir ihnen bei andern begegnen.

Immer klagen die Hilfreichen über den Undank der Armen. Wollen wir denn nicht unbelohnt gut sein.

Unsere Zeit ist eine Zeit der Gleichheit, in der jeder alle anderen überragen will.

Vaterlandsliebe errichtet Grenzpfähle, Nächstenliebe reißt sie nieder.

Wenn unsere Schwächen unserer Stärke nie zu Hilfe kämen, sie würde oft versagen.

»So schlecht wie die andern kann ich's auch machen«, sagte Kasperl – und schrieb ein Buch.

Suche nie dich von einem unbegründeten Verdacht zu reinigen; es ist entweder überflüssig oder vergeblich.

Am bittersten bereuen wir die Fehler, die wir am leichtesten vermieden hätten.

Der abscheulichste Einbruch ist der in die heiligen Gefühle eines Menschen.

Der Großmütige ist reich, und wenn er auch nur ein Stück Brot besitzt, daß er mit einem Hungrigen teilen kann.

Schöne Stunden, in denen wir mit der Arbeit, die uns den Frieden unserer Tage und die Ruhe unserer Nächte gekostet hat, nur noch spielen.

Wenn eine große Tat getan wird, hält die Zeit den Atem an, und in diesem Augenblick wird ein Sterblicher unsterblich.

Zu dieser Ausgabe

Die vorliegende Ausgabe enthält zunächst die fünfhundert in Band 1 ihrer *Gesammelten Schriften* (Berlin: Gebr. Paetel, 1893) erschienenen Aphorismen Marie von Ebner-Eschenbachs in der Reihenfolge, in der sie dort abgedruckt sind (bis S. 46, »Wir müssen immer lernen, zuletzt auch noch sterben lernen«). Daran schließen sich die in den *Sämtlichen Werken* (Berlin: Gebr. Paetel, 1920) hinzugekommenen zweiundachtzig Aphorismen an (bis S. 52, »Die kleinen Miseren des Lebens helfen uns manchmal über sein großes Elend hinweg«). In beiden Fällen folgt der Text der Ausgabe: Marie von Ebner-Eschenbach, *Das Gemeindekind. Novellen. Aphorismen,* herausgegeben und mit einem Nachwort versehen von Johannes Klein, München: Winkler, 1956. Eine Reihe von Aphorismen ist in den verschiedenen Werkausgaben der Dichterin nicht enthalten, zweiundneunzig von ihnen wurden 1974 in Band 18 der Zeitschrift *Österreich in Geschichte und Literatur* von Dee L. Ashliman zusammengestellt und bilden den Schluß unserer Ausgabe. – Orthographie und Interpunktion sind dem heutigen Gebrauch angeglichen.

Nachwort

Leben und Werk Marie von Ebner-Eschenbachs

Anerkennung und Erfolg erreichte Marie von Ebner-Eschenbach erst verhältnismäßig spät, dann aber um so nachhaltiger. Sie galt gegen Ende des 19. Jahrhunderts als bedeutendste deutsche Autorin ihrer Zeit und behauptete diesen Rang auch noch Jahrzehnte hindurch. Tradiert wurde allerdings ein eher harmonisiertes Bild. Man bezeichnete sie als Dichterin der Güte, des Mitleids, der sozialen Anteilnahme. Erst in jüngerer Zeit begannen Versuche zur Korrektur dieses Ebner-Bildes. So wurde auf das wache politische Bewußtsein Ebner-Eschenbachs hingewiesen (Veselý), auf ideologie- und sozialkritische Aspekte in ihren Werken (Rossbacher, Aichinger), auf die – vom feministischen Standpunkt sehr aufschlußreiche – Darstellung dominierender Frauengestalten in ihrem Figurenensemble (Harriman). Resümierend läßt sich feststellen, daß wir heute eine differenziertere Sicht auf das Œuvre der Autorin haben, daß aber von einer grundsätzlichen Revision des Ebner-Bildes nicht gesprochen werden kann.

Ungeachtet aller emanzipatorischen Einsichten, die sich Marie von Ebner-Eschenbach im Laufe ihres Lebens erarbeitete, war sie doch sehr stark von Herkunft, Elternhaus und Erziehung bestimmt. Sie war eine geborene Freifrau Dubsky (nicht, wie man oft findet, eine geborene Gräfin Dubsky), ihr Vater stammte aus dem mährischen Uradel, ihre Mutter, Marie von Vockel, die sie unmittelbar nach der Geburt verlor, aus sächsischem Beamtenadel. Sie wurde am 13. September 1830 auf Schloß Zdislawitz in Mähren (in der Nähe von Olmütz) geboren und wuchs teils dort, teils in Wien auf. Eigener Wissensdurst und günstige Umstände trugen dazu bei, daß sie eine bessere als die traditionelle – oberflächliche – Komtessenausbildung, die sie später in ihren Werken immer wieder kritisierte, erhielt. Besonders Cousin Moritz – »Onkel Moritz« genannt, weil er fünfzehn Jahre älter war; der spätere Mann der Dichterin – stand ihrem Bildungs- und Produktionsdrang positiv gegenüber; er war es auch, der ihr zur deutschen Sprache als Medium ihrer dichterischen Versuche riet – vorher hatte sie vor allem französische Verse gemacht. Freiherr Moritz von Ebner-Eschenbach, den Marie 1848 heiratete, stieg in der militärischen Hierarchie bis zum General und Feldmarschall-Leutnant auf, war als Militärschriftsteller, Forscher und Erfinder bekannt. Die Militär-Ingenieur-Akademie, an der er Physik und Chemie unterrichtete, wurde bald nach der Hochzeit nach Klosterbruck in Mähren verlegt, und dort verbrachte Marie von Ebner-Eschenbach – bis zur Rückkehr nach Wien – ihre intensivsten Studienjahre. 1867 begleitete sie ihren Mann zur Weltausstellung nach Paris, im übrigen behielt sie den seit der Kindheit gewohnten Rhythmus zwischen winterlichen Aufenthalten in Wien und sommerlichen Aufenthalten vor allem in Zdislawitz bei. Die Übereinstimmung des Paares, das kinderlos blieb, war außerordentlich. Sie bestand nicht nur in gemeinsamen geistigen Interessen, gegenseitiger Toleranz, sondern auch im kritischen Blick auf Mißstände in der Donaumonarchie (Moritz wurde wegen einer Publikation, in der er auf Mißstände im Heer hinwies, vorzeitig pensioniert).

Bei Marie von Ebner-Eschenbach zeigt sich diese kritische Haltung bereits in ihrem (anonym erschienen) Erstlingswerk, der Briefsatire *Aus Franzensbad* (1858), und der dramatischen Produktion, freilich nicht in den historischen Charakterdramen à la Schiller (*Maria Stuart in Schottland*, 1860), sondern in den ernsten und heiteren Gesellschaftsstücken. Jahrelange enttäuschende Erfahrungen mit Theaterpublikum und Kritikern erreichten 1873 mit der Aufführung des *Waldfräuleins* einen Höhepunkt: Zum Mißerfolg kam das Ärgernis, das das Stück bei den Standesgenossen hervorrief, wurde darin doch die Pervertierung und Korrumpierung alter aristokratischer Ideale in der herrschenden Adelsgesellschaft angegriffen.

Das Jahr 1873 brachte eine Wende in den Intentionen der Autorin. Wohl gab sie ihre dramatischen Ambitionen nicht ganz auf, konzentrierte sich jedoch nun auf die erzählerischen

Dichtungen, mit denen sie bald Anklang fand (*Božena*, 1876).
Den Durchbruch erzielte sie – fast fünfzig Jahre alt – mit der
Erzählung *Lotti, die Uhrmacherin*, die in der führenden
Monatsschrift *Deutsche Rundschau* erschien. Neben den
Aphorismen festigten die *Dorf- und Schloßgeschichten* (1883),
Das Gemeindekind (1887) und die Kindheitserinnerungen
(*Meine Kinderjahre*, 1906) ihren Ruhm, den auch weniger
geglückte Werke (*Unsühnbar*) nicht beeinträchtigen konnten.
Sie starb am 12. März 1916, erlebte also das Ende der Monar-
chie nicht mehr.

Ihr Werk kann nur bedingt als repräsentativ für die franzisko-
josephinische Epoche gelten. Es fehlt das große Gesellschafts-
panorama, der große Gesellschaftsroman. Auch die umfang-
reichsten Erzählungen sind »kleine Romane« in jeder Hin-
sicht, charakterisiert durch Dominanz des Individualschick-
sals, begrenzten Geschehnisraum (Stadtpalais und Schloß,
Dorf und Kleinstadt), Konzentration des eingeschränkten
Figurenensembles um e i n Ereignis, Betonung des Psycho-
logischen. Betrachtet man allerdings das Gesamtwerk, findet
sich doch ein erstaunlich vielfältiges Personal: Wohl ist die
Aristokratie besonders ausführlich geschildert. Aber auch der
selbstbewußte Handlungsbürger ist vertreten (*Božena*) und
der solide Handwerksmeister (*Lotti, die Uhrmacherin*), der
kleine Staatsbeamte mit seinem Aufstiegswillen und Ehrgeiz
(*Ein Vorzugsschüler*) tritt ebenso auf wie das höhere Gutsper-
sonal, das zusammen mit dem Arzt, Lehrer und Geistlichen
die sogenannte Honoratiorenschicht auf dem Lande bildete
(*Oversberg*); das Dorf kommt in seiner sozialen Struktur vom
Großbauern bis zu den dörflichen Unterschichten, den Häus-
lern und Armenhäuslern in den Blick (*Das Gemeindekind*),
ganz abgesehen von den Militärs, Gouvernanten, Erzieherin-
nen, Hauslehrern und Künstlern, die auftreten. Eine trei-
bende Kraft der Epoche, das sich organisierende Industrie-
proletariat, fehlt allerdings, und somit muß man tatsächlich
die Aussparung entscheidender Faktoren dieser Epoche kon-
statieren. Zeitkritik wird hier nicht faßbar in der direkten
Aufnahme konkreter geschichtlicher Fakten, sondern wird

deutlich in der Art der künstlerischen Komposition. Viele Erzählungen reflektieren auf diese Weise den mit den ökonomischen Wandlungen verbundenen Vorgang der Auflösung der Ordnungsverhältnisse und der Öffnung des Wertehorizonts. Symptome einer nicht mehr intakten Gesellschaft sind bei ihr: Anmaßung der Herrschenden gegen die von ihnen Abhängigen, das Fragwürdigwerden traditioneller Bindungen und Normen, aufgezeigt besonders an der Treueproblematik. Ebner-Eschenbachs Ideale sind die der Aufklärung. Im Vordergrund stehen Konzepte vom ›ganzen Menschen‹, von natürlicher, echter Bildung, von sozialer Verantwortung, Aufrichtigkeit und Treue. Repräsentanten solchen Wertekatalogs sind erstaunlich oft Frauengestalten (*Božena, Die Resel, Wieder die Alte, Die Totenwacht*). All dem liegt eine starke Betonung der Vernunft des Individuums zugrunde und eine – letztlich – doch optimistische Vorstellung eines Fortschritts im Humanen. Die Autorin kritisiert die zeitgenössischen Vertreter sozialer Institutionen, hält die Institutionen selbst aber für erhaltenswert. Ihre kritische Analyse der Epoche erreicht im Aufstellen positiver Gegenbilder ihre Grenze, doch verhindert die konsequent skeptisch-kritische Haltung meist vorschnelle Harmonisierungen. Ebner-Eschenbachs Werk ist gewiß keine revolutionäre Sozialliteratur, es als pure ›Sozialromantik‹ abzuqualifizieren, würde jedoch bedeuten, dem Individuellen nicht den geringsten Stellenwert beizumessen. Die erwähnte Spannung zwischen optimistisch-aufklärerischer Haltung und skeptisch-illusionslosem Blick zeigt sich besonders deutlich in den *Aphorismen,* die, aufgrund der gattungsspezifischen Kürze und Prägnanz, persönliche Standpunkte verknappt – und deshalb auch häufig überspitzt – wiedergeben. Dem häufig zitierten Aphorismus: »Man muß das Gute tun, damit es in der Welt sei«, steht der schon viel reserviertere: »Wenn man nicht aufhören will, die Menschen zu lieben, muß man nicht aufhören, Gutes zu tun«, gegenüber, und in manchen Aphorismen finden sich geradezu ernüchternde Einsichten: »Die Teilnahme der meisten Menschen besteht aus einer Mischung von Neugier und Wichtigtuerei«, oder:

»Es gibt eine schöne Form der Verstellung: die Selbstüberwindung – und eine schöne Form des Egoismus: die Liebe.« Oder auch: »So mancher meint ein gutes Herz zu haben und hat nur schwache Nerven.« Hier handelt es sich nicht mehr um Bonmots, sondern, um einen Ausdruck J. Kleins zu gebrauchen[1], um Mauvaismots, scharfe, treffende Bemerkungen, in denen sich die illusionslos-nüchterne Perspektive der Autorin zeigt.

Ebner-Eschenbach hatte Freude an der Formulierung von Aphorismen, es war auch eine Gattung, in der sie von Anfang an erfolgreich war. Auf die Publikation von dreihundert Aphorismen (1880) folgten bald zwei weitere, um jeweils hundert Aphorismen vermehrte Ausgaben (1884, 1890), und dieses Textkorpus wurde dann in den ersten Band der *Gesammelten Schriften* (1893) aufgenommen, später vielfach (mit einigen Änderungen) in Gesamt- und Einzelausgaben nachgedruckt. Das aphoristische Gesamtwerk der Ebner ist freilich umfangreicher, veröffentlichte sie Aphorismen doch auch in Zeitungen, Zeitschriften und verschiedenen Sammelwerken (1974 hat D. L. Ashliman zweiundneunzig solch verstreut erschienener Aphorismen zusammengetragen und publiziert[2], und noch das 1916, also in ihrem Todesjahr, erschienene Werk *Aus einem zeitlosen Tagebuch* enthält eine Reihe aphoristischer Eintragungen.

Mit ihrem aphoristischen Œuvre steht Marie von Ebner-Eschenbach in einer sehr langen Tradition. Der Aphorismus ist eine alte Gattung, die besonders in den romanischen Sprachen (Montaigne, Vauvenargues, La Rochefoucault) gepflegt wurde, aber auch im deutschen Sprachraum etliche bedeutende Vertreter hat: Lichtenberg ist natürlich hier zu nennen, aber auch Friedrich Schlegel, Goethe, selbstverständlich Nietzsche, bei den Österreichern Grillparzer, Nestroy, später Karl Kraus. Der Terminus »Aphorismus« ist mit dem griechi-

1 Johannes Klein, »Nachwort«, in: Marie von Ebner-Eschenbach, *Das Gemeindekind. Novellen. Aphorismen*, hrsg. von J. K., München: Winkler ⁵1978, S. 969.
2 Dee L. Ashliman, »Marie von Ebner-Eschenbach und der deutsche Aphorismus«, in: *Österreich in Geschichte und Literatur* 18 (1974) S. 155–165.

schen Verb »aphorizein« – abgrenzen, genau bestimmen – verwandt, und tatsächlich erfordert diese Gattung wie keine andere Kürze, Genauigkeit, Prägnanz der Formulierung. Freilich nicht im Sinne ›objektiver Bestimmung‹ einer Sache, eines Sachverhalts, eines Phänomens, sondern durchaus in dem der treffenden, pointierten, überraschenden Charakterisierung. Der Aphorismus enthält »eine halbe Wahrheit. Das ist ein ungewöhnlich hoher Prozentsatz«, wie Gabriel Laub meint. Eine Einsicht, eine Erkenntnis, eine Beurteilung werden so formuliert, daß ein bestimmter Zug, eine bestimmte Eigenschaft, eine bestimmte Tendenz besonders markant hervortreten. Das kann durchaus das Resultat langer Überlegungen sein, wie es Ebner-Eschenbach im Motto zu ihren ersten Aphorismen sagt: »Ein Aphorismus ist der letzte Ring einer langen Gedankenkette.« Oft aber handelt es sich um einen plötzlichen Einfall, einen Gedankensplitter, und auch Aphorismen dieser Art finden sich bei der Ebner: »Ein ganzes Buch – ein ganzes Leben.« Vielfach ist auch bei ihr der Kern des Aphorismus ein Wortspiel, besonders häufig findet sich das Nebeneinanderstellen etymologisch verwandter Wörter: »Ein Urteil läßt sich widerlegen, aber niemals ein Vorurteil«, wobei die behaupteten Etymologien sprachwissenschaftlich durchaus nicht ›stimmen‹ müssen, aber trotzdem sehr aufschlußreich sind: »Die ›Vornehmen‹ – etymologisch diejenigen, die vor allen anderen nehmen, und zugleich die Bezeichnung für Adelige und Edle.« Überblickt man die Gattungstradition, so sieht man, daß bestimmte Grundmuster, rhetorische Figuren, immer wieder Verwendung finden, weil sie sich besonders bewährt haben, so z. B. der Parallelismus in allen seinen Varianten, der sich natürlich auch bei der Ebner findet: »In der Jugend lernt, im Alter versteht man.« Auch den Chiasmus, die spiegelbildliche Anordnung von syntaktisch oder semantisch einander entsprechenden Satzgliedern, verwendet sie gelegentlich: »Die Sittlichkeit verfeinert die Sitte und Sitte wiederum die Sittlichkeit.« Und natürlich das Paradoxon, eines der ältesten und am häufigsten gebrauchten aphoristischen Stilmittel: »Es muß sein! – grausamster Zwang. Es hat sein müssen! – bester Trost.« Ebner-Eschenbach verwendet also durchaus die herkömmlichen Muster der literarischen Genres, auch manche ihrer Einsichten sind nicht neu; vieles aber ist von erstaunlicher Originalität und Aktualität. Anläßlich der Verleihung der Ehrendoktorwürde an die siebzigjährige Dichterin wurden im Referat zwei Werke besonders erwähnt, das *Gemeindekind* und die *Aphorismen* – eine Wertung, der man sich heute noch anschließen kann.

Ingrid Cella

Lyrik-Ausgaben

IN RECLAMS UNIVERSAL-BIBLIOTHEK

Deutsche Literatur · Eine Auswahl

Anthologien

Blumen auf den Weg gestreut. 308 S. 16 Farbabb. (Gebunden)

Deutsche Balladen. 647 S. UB 8501 (auch gebunden)

Deutsche Gedichte. 368 S. UB 8012 (auch gebunden)

Deutsche Gedichte 1930–1960. 463 S. UB 7914

Deutsche Gedichte zwischen 1918 und 1933. 381 S. UB 9711

Deutsche Liebeslyrik. 447 S. UB 7759 (auch gebunden)

Deutsche Lyrik-Parodien. 335 S. UB 7975

Deutsche Naturlyrik. 539 S. (Gebunden)

Deutsche Unsinnspoesie. 117 S. UB 9890

Die vier Jahreszeiten. 291 S. (Gebunden)

Die Wundertüte. Alte und neue Gedichte für Kinder. 317 S. 15 Abb.
  (Gebunden)

Gedichte des Barock. 413 S. UB 9975

Gedichte des Expressionismus. 261 S. UB 8726

Gedichte der Romantik. 532 S. UB 8230 (auch gebunden)

Großstadtlyrik. 413 S. UB 9639

Jahrhundertgedächtnis. Deutsche Lyrik im 20. Jahrhundert. 469 S.
  UB 9742 (auch gebunden)

Kristallisationen. Deutsche Gedichte der achtziger Jahre. 182 S.
  UB 8827

Lyrik des Exils. 511 S. UB 8089

Moderne deutsche Naturlyrik. 336 S. 6 Abb. UB 9969

Morgenstund und Mitternacht. Gedichte für alle Tageszeiten. 310 S.
  (Gebunden)

Stechäpfel. Gedichte von Frauen aus drei Jahrtausenden. 399 S.
  (Gebunden)

Einzelausgaben

Ausländer, Rose: *Regenwörter.* Gedichte. 115 S. UB 8959

Benn, Gottfried: *Gedichte.* 188 S. UB 8480

Bernstein, F. W.: *Reimweh.* 139 S. UB 9308

Biermann, Wolf: *Liebespaare in politischer Landschaft. Gedichte und Lieder.* 168 S. UB 18068

Brentano, Clemens: *Gedichte.* 256 S. UB 8669

Brinkmann, Rolf Dieter: *Künstliches Licht.* 167 S. UB 9311

Droste-Hülshoff, Annette v.: *Gedichte.* 176 S. UB 7662

Eichendorff, Joseph v.: *Gedichte.* 183 S. UB 7925

Enzensberger, Hans Magnus: *Dreiunddreißig Gedichte.* Eine neue Auswahl. 64 S. UB 18136

Fleming, Paul: *Deutsche Gedichte.* 190 S. UB 2455

Fried, Erich: *Gedichte.* 80 S. UB 8863

George, Stefan: *Gedichte.* 86 S. UB 8444

Gernhardt, Robert: *Reim und Zeit & Co.* 416 S. (Gebunden)

Goethe, Johann Wolfgang: *Gedichte.* 252 S. UB 6782

Gomringer, Eugen: *konstellationen.* 156 S. UB 9841

Grass, Günter: *Gedichte.* 88 S. UB 8060

Gryphius, Andreas: *Gedichte.* 173 S. UB 8799

Haller, Albrecht v.: *Die Alpen und andere Gedichte.* 119 S. UB 8963

Hebbel, Friedrich: *Gedichte.* 80 S. UB 3231

Hebel, Johann Peter: *Alemannische Gedichte.* Zweispr. 208 S. UB 8294

Heine, Heinrich: *Buch der Lieder.* 408 S. UB 2231 – *Gedichte.* 208 S. UB 8988 – *Neue Gedichte.* 331 S. UB 2241 – *Romanzero.* 303 S. UB 2250 – *Sämtliche Gedichte.* 1117 S. (Gebunden)

Heym, Georg: *Dichtungen.* 86 S. UB 8903

Hölderlin, Friedrich: *Gedichte.* 248 S. UB 6266

Hofmann v. Hofmannswaldau, Christian: *Gedichte.* 151 S. UB 8889

Hofmannsthal, Hugo von: *Gedichte.* 115 S. UB 18036

Holz, Arno: *Phantasus.* 159 S. UB 8549

Jandl, Ernst: *Laut und Luise.* 160 S. UB 9823 – *Sprechblasen.* 96 S. UB 9940

Kästner, Erich: *Gedichte.* 172 S. UB 8373

Kleist, Ewald Christian v.: *Sämtliche Werke.* 288 S. UB 211

Klopstock, Friedrich Gottlieb: *Oden.* 184 S. UB 1391

Kunert, Günter: *Gedichte.* 79 S. UB 8380

Lenau, Nikolaus: *Gedichte.* 176 S. UB 1449

Liliencron, Detlev v.: *Gedichte.* 160 S. UB 7694

Meyer, C. F.: *Sämtliche Gedichte.* 278 S. UB 9885

Mörike, Eduard: *Gedichte.* 176 S. UB 7661

Morgenstern, Christian: *Alle Galgenlieder.* 320 S. 6 Abb.
(Gebunden)

Mühsam, Erich: *Trotz allem Mensch sein.* 192 S. UB 8238

Nietzsche, Friedrich: *Gedichte.* 144 S. UB 7117

Novalis: *Gedichte. Die Lehrlinge zu Sais.* 327 S. UB 7991

Opitz, Martin: *Gedichte.* 216 S. UB 361

Rilke, Rainer Maria: *Gedichte.* 324 S. UB 9623 (auch gebunden) –
Duineser Elegien. Die Sonette an Orpheus. 157 S. UB 9624 –
Fünfzig Gedichte. 77 S. UB 8291

Ringelnatz, Joachim: *Gedichte.* 128 S. UB 9701

Rückert, Friedrich: *Gedichte.* 333 S. UB 3672

Rühmkorf, Peter: *Selbstredend und selbstreimend.* 131 S. UB 8390

Schiller, Friedrich: *Gedichte.* 421 S. UB 1710 (auch gebunden)

Storm, Theodor: *Gedichte.* 173 S. UB 6080

Trakl, Georg: *Werke – Entwürfe – Briefe.* 367 S. UB 8251

Wedekind, Frank: *Gedichte und Lieder.* 85 S. UB 8578

Philipp Reclam jun. Stuttgart